단 한 번의 사랑을 부르게 해 주오

유나영 시집

인지
생략

들꽃시선 144
단 한 번의 사랑을 부르게 해 주오

지은이/유나영
펴낸이/문창길
초판인쇄/2021년 11월 25일
초판펴냄/2021년 11월 30일
펴낸곳/도서출판 들꽃
주 소/100-273 서울 중구 서애로 27(필동3가) 서울캐피탈빌딩 B202호
전 화/02)2267-6833, 2273-1506
팩 스/02)2268-7067
출판등록/제2-0313호
E-mail:dlkot108@hanmail.net

값 10,000원
* 파본된 책은 바꾸어 드립니다.

ISBN 978-89-6143-217-7 03810

* 이 시집은 한국예술인복지재단의 창작준비금지원사업-창작디딤돌 지원으로 출판되었습니다.

들꽃시선 144

단 한 번의 사랑을 부르게 해 주오

유나영 시집

| 자서 |

시인의 자리에서 서성이게 된지도 십년이 훨씬 넘은 것 같다. 시와 산책하며 흩어진 삶의 울안을 넘겨보면서 모자랐던 것에 아파도 하고 즐거운 것 그리워했던 것 주우면서 삶을 묻고 가꾸어온 것 같다.

이제 조금씩 시의 몸통을 볼 수 있을 것 같고 시와 가까운 거리에서 사랑을 나눌 것 같고 곁에 인연으로 맺은 사람들과 기쁘게 담소할 것도 같다.

이번 시집은 복지 재단의 지원으로 엮게 되어 소홀함도 없는 삶이고자 그 약속으로 시집이 나오게 되었다.
감사의 말씀 드린다.

2021년 입추에
유나영

차례

제1부 목화꽃 지피는 밭이랑에 서서

제2부 고향의 시

제3부 만경강 유역에서

제4부 지리산 찬가

제 1 부

목화꽃 지피는 밭이랑에 서서

눈 내리면

눈이 내리는 날
고향을 부르면
아른아른 점철된 정은
다소곳 숨죽이면서 자분대고

뜰마다 무성한 풀잎 눈에 덮이면
그 속에 묻힌
우리들의 놀이와 같이
거기쯤 기지개 켜는 삶의 율동도
맞이하겠지

바람은 시시각각 밀리고
눈은 내리면서 날리는데
가만히 옛 정 찾으면
정은 아장아장 아기 걸음으로 다가오는 걸 보게 되겠지

지나간 날의 이야기

창포 널브러지고
개울물 흐르는 쪽 풀숲에
깔따구가 운다
개구리가 운다

문명의 난간에 걸쳐 앞을 내다보는
달빛이
삭아 내리는 밤인데
귀뚜라미 운다
여럿 밤벌레가 운다

세월이 까맣게 그을려 타 내리고
농기구 잔해가 나뒹구는 논두렁에
눈곱만한 사랑이 꽂혀
번뇌하는데
어리던 날의 놀이터에
바람이 운다
밤별을 꿰차고

으악새 숨죽이면서 서럽게 운다

고향

고향 그리는 시절인데요
가을 날
산풀이 희뜩희뜩 번지고
산까치 울고
꿩이 울고
뒷동산 알밤 툭툭 튕기는
가을인데요
거기 아이들이 놀아대고
어머니 머리채 하얗게 배인 자리
잔기침 여울 대는 고향인데요
나는 고향을 부르고 있습니다
고향 언저리의 동산에 올라
고향 노래 부르고 있습니다

첫새벽 닭 울음이 잦으면
잦을수록
잃어버린 전설에 묻혀
그리움에 떨면서

풍장이 울리는 노을녘
풀피리 구성지게 지피는
세월의 난간도 넘겨보고 있습니다

팔월 한가위의 달은 떠
고샅길을 지나고 있는데요
같이 거닐 가까운 사람들
나의 어머니의 음성만 배이고는
고단한 날의 이야기만 무성히
지펴대고 있습니다

참 많은 날 물으면서
송사리 옴작거리는 자리도 기웃거리면서
단수수 이파리 너울대는
울타리도 기웃거리면서
노는 고향의 시 지피면서
달이 훤히 떠 있는
팔월의 그리운 뜰을 걷고 있습니다

목화꽃 지피는 밭이랑에 서서

그렇게 그리워했는데
돌아가야 한다
잊어버린 날을 위하여 풀피리라도 불러대야 하고
농로를 다듬는 수레도 만들어야 하고
목화꽃 지피는 밭이랑에 서서
우리들의 가난한 기억을 건져야 하고
세월도 자꾸만 사위어 가는데
정으로 웅크리고 있는
매우 따습게 도란거리는
낯익은 거리에서
모두의 것 건져 올리기 위하여
돌아가야만 한다
우리들의 텃밭은 어떤 모습의 풍경이 어리고 있을까
달은 떠서 그 풍경의 울안을 어루만지고 있을까
술통에 빠질 만큼 술을 그리던
할아버지의 흔적은 아마 남아 있을까
대숲에 앉은 겨울의 하얀 설화가
그네 뛰듯이 너울거리며

뒷동산을 키우고 있을까
바람이 불겠지만
달이 떠오를 것 같아
우리는 돌아가야 할 것 같다

오산초등학교 교정에서

익산시 오산면 오산초등학교
정원을 둘러보면
한 백년 개교를 일러주는 느티나무는
둥근 원으로 모양 져 바람에 젖고
개나리 꽃피는 봄부터
까치 울음은
아이들과 그네와 미끄럼틀과 같이 있다

세월은 가고
계절과 어우르면서
플라타너스 향나무 떡갈나무가
잊었던 기억을 부르고
세월 가듯이
물레방아 돌아가듯이 아이들은
꿈을 고르고
우리 풀꽃 사랑을 이르듯이
사랑을 가꾸면서 즐기고 있다

맑은 하늘 푸른 뜰과 너른 평야를 끼고
오산초등학교 아이들은
오늘도 잔디 어우러진 운동장에서 어깨동무 한다
잔디를 밟고 뛰어노는 아이들
그 아이들의 웃음소리가
교정 밖에까지 메아리쳐 오는데
한 세월의 삶을 담은
오산역 간이역 둘레로 울려 퍼지고 있다

교문을 들어서면 계절의 앞마당에서
해바라기 꽃은 피웠다 고개 숙이는 것이
마치 겸손의 미덕인양 다소곳한 운동장 입구에서
스승은 학생에게
학생은 꿈을
도덕의 질서로 가꾸어 내고 있는 것 같다

고사리 손 마주하고 자라온 터전
오산초등학교
백년의 세월을 안은
역사는 기름진 삶을 가꾸게 해 왔다
어제나 오늘도 그러하지만
까치는 꿈의 소식을 물고 와서
정원의 뜰에서

아이들의 꿈을 달아매듯 지저귀고 있다

신성리 갈대밭

뚝길에 들어서면
신성리 갈대밭이
십일월의 바람과 같이
소리치고 있다
황혼에 이른 노인들의 머리칼처럼
억새와 어울리면서
강바람 타고 있다
세월 가는 게 하도 서운해서
숨 쉴 틈마저 보이지 않고
가쁜 숨을 몰아
갈대는 바람과 같이 아우성치고
난간을 비집거나 어루어대면서
소리치고 있다
갈밭의 이랑마다 사람들이 몰려들고
한꺼번에 움직이면서
물결이 갈대숲과 같이 풍장으로
울리어 대면
사람들은 손을 들어 마주 흔들고

바둥쳐 오는 세월의 속도는
갈밭의 바람처럼 홰를 쳐 오고 있다

먼발치로 철새가
물의 파편을 쪼아대면서
물놀이 한참일 때
어느 사람은 길을 가다 멈추면서
거리에 세워둔
시문을 읽어가고
낯선 사람들이 지나면 서로 고개 숙여
정으로 얼굴을 맞대는 풍경이
갈밭길 금강의 물줄기처럼 출렁인다

이 넓은 신성리 갈밭
무심한 바람소리
십일월의 차가운 바람이
금강의 이랑을 여미고 있다

2020년의 겨울

한겨울인데
11월의 뜰은 메말라 있고
눈은 오지 않는다
12월의 바람은 차갑게 솟구쳐도
눈은 오지 않는다

백설이 난분분한 시절
추위와 굶주림으로 속 시려운 시절
그리움을 끄시면서
한겨울을 불러놓고
12월 25일을 맞이하고 있지만
삭막의 거리에 마른 바람만 오고가는
빈 뜰에서
그리움을 줍고 있다

얼마나 많은 이야기 지나가고 있는
한겨울인데
지난 시절

눈은 내리고 쌓인 그 시절
눈사람 만들고
눈으로 놀이하는 그 시절은 가고
12월의 해는 지나고 있는데
눈은 오지 않는다

모두 떠난 뒤에

아마 바람이 남아
오솔길 외로운 자리 지키거나
참 많은 정든 이야기로
그림자 뒷자리에 길게 늘어져
간절한 것 두고 눈물도 지게 될 것입니다

부르면 부를수록 아파 오르는 것이
한 여름 신록이 무성한 것처럼 범람할 터이고
숨을 죽이면
그럴수록 참 많이 사랑한 게
죄가 되어 가슴 죄여 올 것입니다

인연의 높이는 얼마이며 그렇게
가꾼 세월이 얼마인가
모두가 떠난 뒤에는 사랑이라는 것
그리움으로 밀리면서 탑처럼 높고
번뇌는 어느 가뭄의 번개처럼 반짝이면서
칼끝을 스치듯 가슴 아려 오는 것

빈 자리 사람이 머물다 간 그 자리
오동나무 지피거나
정자나무 머문 흔적이 사시나무처럼 떨어대거나
그렇게 나는 무심으로 찾아오는
아픔의 행로에 이르렀는데
다만 바람이 불고 있습니다

옛적에 어머니의 손끝으로 움직여 주던
물레방아처럼 정을 담아 놓고 있어서
모두가 떠난 뒤에
참 많아 울고 있습니다
그렇게 사납게 밀리는 바람처럼

어린 시절에 엮어 낸 동화

그런데 나는 왜 철없는 시절에
소꿉장난을 한 기억을 잊고 있었는가
그 기억의 언저리에
정든 아이의 이름과
정든 아이의 삶과
그렇게 얽힌 사람의 기억을 건져내고 싶다

봄의 새싹이 돋고
여름의 신록이 지핀 자리
가을에 잎이 지고
시방 겨울이 오고 있는데
그 하아얀 눈살에 젖은 우리들
동화의 동산을
왜 잊고 있었는지
그 시절 꿈의 이랑에 지핀 꽃처럼
꽃보다 고운 사랑을 왜 잊고
이제 왜 그 사랑을 부르고 있는가
나는 다섯 살 유년의 동화를

엮어 내고 있다

2020년 11월

11월 눈발 한번쯤 뿌려야 하는데
눈발이 추운 겨울을 잊고 있다
마른 풀잎 줄기에 바람이 와서
흔들어 주기도 하지만
떨림이 밀릴 법도 하는데
추위도
추위로 인한 풍습도 있지 않다
11월 계절은 눈발을 잊은 지 오래다

개울가에 이르러

내 삶에 있어서 그리움이 묻어 있을까 싶어
고향의 개울가에 이르렀는데
마음의 거울 앞에 그림자 져 너울대는 것
갈잎과
원추리와
마른 옥수수대와
가을 추수한 뒤 빈 논두렁과
굴러다니다가 멈춘 돌멩이와
내 나이보다 퍽 오래된 오동나무 한 그루와
이것들을 어우르면서
가을 늦바람이 조용히 쓸쓸하게 불어대고
나는 정겨운 사람들 부르면 사랑이 묻어 설레게 하는
그때 그 시절의 사람은 보이지 않았습니다

만경강 어귀로 날아드는 갈매기 울음이
가느다랗게 젖어 있고
강둑으로 이어가는 돌무더기가
마침내 하얗게 서려 있어서

어찌나 쓸쓸한 풍경인지 그 광경을 바라보면
강물이 요동칠 때 새 울음이 애잦듯이
나는 그리도 가슴조인 외로움에
떨고 있습니다

여기서 무엇을 낚아 올리면서
참으로 내 가슴에 묻혀 있는
사랑했던 것 어루어보고
쓸쓸한 언덕에 무더기로 올라앉은
기억들을 끄집어내면서
많이도 쓸쓸해하고 있습니다

그리움이 묻은 개울가를 지나면
강물이 고향의 옛 이야기 일러 주는
이 거리에서
옷섶을 여미고 있습니다

유년의 시절을 보면

그렇습니다
아득한 날이 오랜 세월을 두고
묻혔다가
겨우 찾아오고 있습니다

개울가에 모여서 덤벙대고
노닌 자취가
남아서 있고

아직도 부르고 싶은 이야기가
노래처럼
흥건히 젖어서 있고

저녁이면
시름을 달래는 내 동무의 얼굴이 있고

그렇습니다
고향을 되돌아보면서

부르면
내 곁에 와서
그리움에 떨고 있는
사람이 와서 있습니다

추억에 사무쳐서

그렇게 밀리어버린 지난 날
나는 젊은 그 날을 부르고 있습니다

목이 메어도 보고
속삭이듯
흐르는 시냇물처럼
사무쳐오는 그리움마저 흔들어도 보고 있습니다

바람처럼
구름처럼
떠돌아 가는 흔적만 휘어잡고 있는데

무엇을 연모하기 때문에
필연의 아픔을 씉어야 하는가
갈잎 우수수 흔들어 대는
뜰 밖을 서성여야 하는가

그렇게 밀리어 버린 날

나는 그 젊은 날을 부르고 있습니다

메아리

나는 너로 하여금
공허의 날을 부르게 한다
끝없는 망각의 늪에 오르면서
월광처럼 빛나는 사랑을 부르게 한다

까맣게 타버린 빈 자리에
향내를 맡고
또 취하면서
내 비밀의 문을 열고 닫지만
마침내 쏟아져 흩뿌린 것은 그리움 뿌리게 한다

창밖을 보면
별만 총총히 빛나고 있고
달빛 쏟아 부은 세월을 부르게 한다

바람

바람은 불어오는 것이 아니라
적막을 떠 올리다가
내는 균열이다
무심중에 뿌리는 파열음이다

바람은 삶을 지피다가
떨어져 나부끼는 고달픔과 같고
고행하는 숙명과 같다

환영을 불러일으키는
수평선 쪽에 가면
바람은 언제나처럼 그 자리에 있다

바람은 길을 나서는 사람 앞에 있고
무시로 밀리는
고달픈 삶의 이랑에 묻혀 있고
기구한 운명을 쓸어 대는
마른 풀잎 위에 있다

바람은 불어오는 것이 아니라
두려움과 노여움에서 돋은
한 가닥의 상흔이다

고백을 담은 그릇

내 고백을 당신의 그릇에 담아
당신이 사유할 수 있도록
나는 염원하고 있습니다

꿈을 걸쳐 놓은 시절을 부르고
삶의 결 고운 문양을 걸고
사랑의 노래를 담아 두고 싶습니다

달빛 고운 언덕에 오르면서
당신이 머물면서 명상에 젖은
풍물을 귀 담아 듣고
나는 비로소 내 삶의 전설을 풀어내면서
당신을 부르고 있습니다

내 살던 자리

내가 살던 고향 텃논에 자운영 심어 놓은 곳
우리들의 숨결 또랑또랑 모여 놀고
올챙이 물고랑에 모여 놀고 있는
그곳으로 가야하리

아침이면 논두렁에 이슬 젖은 날
뜨겁게 그리워하면서
빨래터 즐비하게 어머니와
많은 사람들의 삶을 유추하면서
잃어버린 유년의 뜰을 걸어야지

내 살던 고향에서 그리움을 묻고
흔적도 잡아내면서
우리가 놀던 언덕과 물고랑도
보러 가야 하리

바위 앞에서

바위 앞에서
균열을 보는 것은
여간 쉬인 일이 아니듯이

바위 앞에서
나를 만나는 것은
여간 경건하지 않으면 아니 된다

바위는
무념으로 서 있지만
거기에는 영혼을 다스리는 것과
삶의 무게가 있다

바위 앞에서
균형 잡힌 삶을 만날까
이상을 만날까

쉬엄쉬엄 넘고

넘어서
바위 앞에 선다

삶은 자연스럽게

이 나이에 자존의 키를 높이면 무엇하겠는가
그냥 하늘의 뜻 따라
눈길 닿는 대로
발걸음 행하는 대로 가면 되는 걸

봄 나무에 물이 오르는 자연스러움처럼
눈꼬리 하나 풀면서
풀밭의 이슬에 묻힌 아침처럼
닦아 낼 것 닦아내면서
그렇게 소망을 다독이면 되는 걸

획득은 주어진 만큼 거두고
물 흐르는 것처럼
산바람 자연스레 흩날리는 것처럼
그렇게 돌아가는 걸

환상으로 지핀 자리

살얼음 낀 물가에서 썰매를 타던
물젖은 논가에 서성이면
무심으로 바람이 젖어 내린다

아마도 세월이 가 버린
환상은 너울대고
삶의 흔적은 동화처럼
꽃피우고 있지만
빈 뜰 물 잦은 논 가장자리 살얼음이
찬바람 몰고 논다

얼마의 그리움이 시절이 간 자리에서
꿈틀대는 것인가
나는 내 삶의 빈자리에서
환상의 언덕을 오르고 있다

제 2 부

고향의 시

그 사람은

산마루 걸려 있는
달보다
곱게
우르르 몰려 와서
그 사람은 웃고 있다

사철 푸른 눈
푸른 빛살
꿈으로
끄시고 살자 하면서
그 사람은 눈짓하고 있다

청록의 빛이거니
채색하고
뛰고
달리고
웃음 달고

그 사람은 푸시시 웃는다
개나리처럼
내 옛 문전 꽃잎처럼

봄의 이야기

봄날에 연분홍 꽃저고리 입고
산책을 하면서
바람이라도 앞세우고
고향어귀 그리운 것들을 불러대다가
야트막한 산모롱이에 놓여 있는
바위에 앉아
옛 이야기 이삭 줍듯 그려내 보고
잡풀이 발끝에 스치는 풍경을 다독이면서
그리움에 보채듯이
그렇게 이야기도 걸러내고
앞 개울가 물이라도 흐르면
물가의 이야기를 걸려내면서
오랜 시절의 숨은 이야기도 끄집어내고
산딸기 보송하게 돋는 이랑쯤 따라가 보며
곱게 정들었던 자연의
섭리를 삽화처럼 그리면서
정에 묻었던 친구의 이야기
세월이 저만큼 난간에 꽂힌

참 많이 보고 싶은 것들 하나씩 골라가며
그냥 싱겁게 울어대기도 하면서
마냥 걸음을 내 딛는다

나는 내 사유의 능선에
걸친 앞서의 풍경을 왜
관리하면서 살지 못했을까
삶의 이랑마다 무엇이 장막으로 걸쳐
고향 언저리를 잊고 살았을까
새삼 반문하면서
오늘 모처럼의 산책을 한다
조금씩 파랗게 물들어 가는
이 시절의 체감에 새삼스러워 하면서
나는 이 봄 길을 돌아보고 있다

새는 그리운 날 쫓아가고

황혼의 언덕으로 새 한 마리
날갯짓 하고 있다
가슴 시린 옷섶 여미면서
바람도 넘나들고
끝내는 그림자 길게 늘어뜨린
언덕 너머 강 이랑으로
새는 날아가고 있다

총총히 박힌 그리움 쫓아 가면
흔적만 달라붙은 밤은 찾아오고
묻히었다가 그림자로 뜨는
이 간절함 담은 언덕으로
새는 날아가고 있다

얼마나 많은 시간 묻어 둔
사무친 이야기 붙들고 있었을까
새는 끝내 언덕 너머로 날아가고 있다

과수원 쪽에서

냇가 언덕쯤인가
과수원 풍경이 널려 있어서
나는 징검다리 건너서 갔다

실개천 물이랑엔 일찍부터
벚꽃 하얗게 떨어져 흐르고
물고기들 물장구치는 놀이도 한창인 자리에 갔다

묻어난 것
어린 날 사랑이 배어 있어
몰래 어린 시절을 훔쳐보면서
언덕배기에 이르면

묻혀 놓은 정마저
과원의 뜰을 거닐고
나는 이 따뜻한 자리에서
꿈꾸듯이
모쪼록 행복한 울안에 들어서고 있다

폐가의 문짝

어느 폐가에 가 보았더니
찢긴
문짝 하나가
주인의 정 담아 놓은 채
바람에도 흔들리고 있었습니다

짓밟히고 걷어 채인 것 밀리어나
구석진 자리에 펄렁이고
세월이 간 난간에서
울음처럼
파열음을 쏟아내고 있었습니다

삶은 비정에 찌들고
문짝 하나
문 앞 모서리에서 시름겨운 채
떨어대고 있었습니다

사랑은

부르면
와 닿는 곳
휴지 나부랭이만한 정이었는데
허망으로 도배된 채
흔적만 남아있습니다

사랑은 미움을 부여잡고
타오르는데
아득히 밀린 전설을 낳고
부르면
와 닿는 곳
번민의 광장에 나부끼고 있습니다

함라산 둘레에서

함라산 칠목재에 가면
구름자락 끌고
바람이 놀고
나뭇잎 지면
외로움은 무더기 져
세월 간 빈자리를 부른다

산새도 우짖는데
산 메아리
고개 넘고
지나간 날 구름 가듯
바람은
무정한 시절을 부르고 논다

단 한 번의 사랑을 부르게 해 주오

아주 먼 우리들의 놀이터를 잊었는데
기원하오니
내가 손잡을 약속의 자리를 주오
사무치고 정에 젖은 그 자리
언덕이어도 좋고
문고리 달랑대는 자리어도 좋으니
맞잡은 따뜻한 손을 주오

초가마을 몇 호씩 듬성듬성
놓여있는
우리 삶의 터
가서 추운 날 서로 얼싸안고
포옹할 자리를 주오

아주 먼 날의 우리들 이야기
기억은 잡풀처럼 무성한데
그 기억의 밭에 가서
사랑의 씨 뿌릴 손을 주오

칠월의 바다

폭염을 손질하는 물줄기는
아이들을 부르고
사람을 부르고
사랑을 부르고 논다

잠긴 사색을 이끌면서
온 몸을 회전시키면서
물줄기의 높고 낮음 따라
물의 내력도 파악해 주고
칠월은
풍만한 삶을 가꾸어 주기도 한다

물줄기는
때로 절망을 비웃기도 하지만
절망을 서술해주기도 하지만
목마른 삶의 자리를 정중하게 가꾸어 주기도 한다

아이들이 잠든 모습을 보면서

아이들이 채근거리다가 잠이 든
잠자리의 풍경에서
나는 내 어린 시절을 그리워하기에 이르렀습니다

가난이 덕지덕지 누더기처럼 얽힌
내 어머니의 노동을 상상하면서
어린 시절
어머니의 삶을 불러보면서
그 시절을 그리워하고 있습니다

오늘처럼 비가 오거나 진눈개비 내리는 날
나는 내 명상의 터널에 오르면서
순정이 쏨바귀 물집처럼 배인
지난시절을 사모하기에 이르렀습니다
아이들의 포근한 잠자리와 같이
나는 내 어린 시절을 가슴 태워 보면서
몹시 가슴 조이고 있습니다

물잠자리

버들잎
하늘 푸르른 걸 알고는
고개 내밀겠다

물위엔가
물잠자리 푸른 잎에
앉았다가
물위에서 놀겠다

내 그리운 시절을 버들잎이 일러주면서
아스라한 꿈도 솎아주면서
물잠자리
파란하늘이 묻은 물을 펴 마시고
하늘 닿은 버들잎
하늘거리며 놀고 있을 때
물잠자리가
또 물위에서 놀겠다

고향의 뜰에서

별을 보러 가자
꿈 많은 시절의 놀이터에
별이 떠 놀고
별이 빠르게 지나가면
별똥 따라 노래 부르는
유년의 난간에 서 보자

꽃밭에 꽃노래 따라 다니며
꽃들이 내는 소리에 찬
우리들의 이야기 전설로 피어오르면
여기저기 뛰어놀던 시절의 풍물
한번쯤 울려보기로 하자

별을 보러 가자
그리하여 꽃밭 둘레로 은하 찬연한
노래의 난간에 끼어
우리들의 기억을 낚아 올리기로 하자

벚꽃 피운 자리에서

파란 가지를 키워내면서
꽃은
희게 웃더라

풀잎과
묘목 사이를 끼고 놀다가
세월이 가고 말겠지만
꽃은
영롱한 눈빛으로
달싹이고 있더라

꽃은
하얀 물결로 춤을 출 줄 알고
세월이 간 길목에서
순수의 그릇 안에 사랑을
담아 놓고 있더라

추억의 밭

풀밭에서
추억하나 건져 쥐고는
나는 많이 어리던 날의 친구
이름을 부르고 있었습니다
자운영 밭에 머물면서
파란 이파리와 꽃
맞잡아 손에 쥐고는
넓은 들판을 뛰어다니던
유년의 꿈을 물어보고 있었습니다

시절은 누런 풀잎처럼
스쳐 지나가고
풀밭에서
나는 혼자인 채
추억의 밭을 밟고 있습니다

세월

바람처럼 밀리어 간다 했다

찢겨 나부끼면서 휘감고 있는
곡예처럼
그림자진 자리에 파장을 울리기도 한다 했다

밤으로 밀리는 적요의 능선에서
쓸쓸한 나그네처럼
바람처럼
물결 넘나듬처럼 밀리어 간다고 했다

그리움

진드기처럼 달라붙는
그리움은

노상 아파오면서 품에 안은
그리움은

언제나 우물처럼 퍼 올리는
소망을 묻어 놓고
속앓이 하고 있다

너무 많이 와서

돌아갈 길을 찾을 수 없습니다
너무 많은 길이어서
삭막은 검버섯처럼 번지고
남향의 햇살마저
잃은 지 아마도 오래였습니다
따뜻한 품이 얼마나 그리운지
까닭이사
아스라하게 밀린 시절을 꿰차고
밤차가 기적을 두고 간 자리처럼
돌아갈 길 너무 많이 와서
참을 수가 없습니다

칠월의 아스팔트

한여름 아스팔트 위에 햇살이 얹혀
길은 지걱거리고
태양을 업은 풀잎은 아스팔트길 모서리에서
쭈그려 앉은 채 시들해 있다

햇살 한줌 가두어 둘 기색이 없는
아스팔트가 균열이 된 채
차의 톱니바퀴가 멈추었다가는 가고
칠월의 광열에 시달려 침전되어도 가고
더위는 멈출 줄 모르고 있다

칠월 더위가 밀린 공포의 이랑에서
풍경은 병들어 울고
혼돈의 삶이 퇴적 틈에
끼어 시름겨워 울고 있다

고향의 시

고향은
반드시 기억해야 할 울안에 있다
한 포기의 잡초에도 생각이 묻고
백사장 모래밭에 체온이 담겨
꿈을 새기는 자리에 있다

고향은
까마득한 날의 사랑을 두고
아파하면서 노래하는 자리에 있다
정은 꽃잎이거나 향기처럼
끈적거리면서 달라붙는 자리에 있다

고향은
할머니가 가꾸는 언덕바지
도라지 꽃밭이나
텃밭의 목화밭 이랑에 묻혀 있다

밤피리 젖어 구슬피 피어오르는

간곡한 이야기 걸쳐 놓고
닿을 듯
먼 시선 밖에서 아지랑이처럼
물여울처럼 넘나드는 자리에 있다

달

달이
강줄기 타고 논다

거슬러 오르는 물줄기 잡고
세월 부르면서
친구 불러 그리운 이야기로 도란거리며 논다

갯가 뾜고둥 울음 끼고
살아온 내력 흠모하면서
속안에 묻은 사념의 늪
추스르며
달은
물 따라 논다

한 겨울 묻혀버린 기억을
빙산이 녹는 자리에서
건져 내기도 하고
영롱한 빛 띄우면서
달은 물위에서 논다

제3부

만경강 유역에서

유년의 뜰에서

내가 유년에 지핀 그 언덕
호밀밭의 향내 짙푸른 세월이
사위어 가고 있을 때
아마 빠트린 내 삶의 냄새가 남아 있을 것 같다

그 냄새를 가꾸고 싶고
그 냄새 젖은 바람에 취하고 싶고
뭉게구름처럼 떠나가는 시절을 끌어안고도 싶어
나는 밤에 달의 조각들을 들추면서 길을 걷고 있다

손톱 밑까지 번진 봉숭아 꽃물들인 손끝이 그리워
시린 날의 이야기 다독이면서
밤바람 가슴에 안고
내 그리운 시절의 뜰에 묻은 바람 앞에서
잃어버린 이야기 주섬주섬 챙기고 싶다

철쭉 지핀 산길

산정에 가면 철쭉 붉게 타오르고
산길을 오르는 사람
잃어버린 날의 정을 나르는 사람
그런 사람을 만나기 위해 꽃길을 간다

아침이 넘어가는 길목에 아지랑이 지피고
그 속에 묻힌 사랑도 고르기 위해
산정의 꽃길을 간다

피어나는 꽃 이파리 산을 덮고
따뜻한 향기 널린
그리움의 자리
사랑도 같이 주우러 간다

별이 성글게 돋으면 그리움 묻어나듯
산길에 올라
꽃향 지핀 철쭉꽃 자지러지는
산꽃을 주우러 간다

길을 걷다가

수시로 만나게 되는 게
그리움이라면
그리움 몰고 다니는 사람
그 사람이 머물자는 곳은 어디인가

사월 언덕배기로 널브러져 있는
꽃들의 이야기도 들으면서
언덕길 돌아 마을 어귀에 이르면
사람은 가고 빈자리
그리움은 흔적으로 남아 울 것인데

드문드문 산고랑에 숨어서
부엉이가 애절해 하듯
안개 자욱한 거리처럼 몽롱히
그러하듯 젖어 오는
그리운 자리
그리운 자리에 머물면서
떠날 수 없는 메아리같이

긴 세월이 부르고 있는
길을 간다

그리운 시절을 두고

밤이 차가운 날
서글피 울음 울던 소쩍새와 더불어
그리움이 무엇인가
가난이 무엇인가 물으면서 울었습니다

세월은 인습의 가지에 매달려
가난한 시절
고향산천을 우러러보면서
뒷짐 진 할아버지의 모습을 보고 울었습니다

그 시절 그 사랑은 가고 없는데 정은 나돌며
때로는 밤을 지피고
나는 아무도 없는 밤에
지난 시절이 나의 부름을 두고 있어서 울었습니다

그리움의 반란

왜 그런지 모르겠다
세차게 몰아오고 있는 그리움은
강물처럼 넘치거나
바람처럼 나부끼고
사랑은 세월처럼 겨워서
울부짖는 만큼 가슴을 어루어서
나는 빈자리를 꿰고 앉아
움직일 수 없다

사랑은 가고 옛 이야기만 남는가
숨 가쁘게 달아 오른 지난시절의 벼랑위에
그리움이 끼어
왠지 아파하고 있다

고향길

고향길 접어들어 서둘렀지만
아무와도 만나는 일이 없었다
무릎을 맞대고 풀잎 무성한
산길에 이르러
고향을 앞에 세워놓고도
우리는 아무와도 만날 수 없었다

저물면 굴뚝에 하얀 연기 지피고
서둘러 집에 달려가지만
그때 우리들의 평화가 묻은
집은 보이지 않았다

산정을 넘어 산고개에 서서
소리쳐 보랴
환청이 목구멍에서 울렁이게 될 때
그리워 목 놓아 울어보랴

고향에 이르러 희뜩희뜩 배인

허상이 밤안개처럼 덮여오면서
우리들의 삶은 오류에 묻혀
차가운 바람을 맞고 있었다

신성리에 묻은 사람

그 때 그 사람
풀포기에도 묻어서 숨 쉬는 사람
꽃 대궁에 꽃으로 돋았으면 싶다

무수한 날들을 두고
강물이 갈대숲을 후비듯
기억 저 편으로 그리움은 신성리 갈밭을 쓰다듬고
나는 여기 서 있는데
무성한 바람만 갈밭에서 서걱대고

그 때 그 사람
금강물 위에 떠오를까
지나가버린 뭇 이야기 갈밭에 숨어
피어오르는 국화에도 묻어 오를까

나는 신성리 갈밭에 왔다
돌아오지 않는 세월을 띄우고
돋아난 빛다발 하나 찾아 손에 들고 싶어서

가을 갈밭에 와 있다

온다고 한 그 사람

돌아가면서
그는 반드시 오리라고 손짓으로 일렀다
그렇게 그리는 동안 동산의 나무는
몰라보게 자랐고
금년에 봄맞이꽃은 피고 있는데
그리고 피고 있었던 꽃은 지고 있는데
온다고 한 그는 오지 않았다
수 세월이 지나는 동안 길을 잃었을까
오늘 따라 그와 마주한 나무위에서
까치가 울음 쏟고 있는데
까맣게 그을린 세월을 보고
까치가 울까
소식 물고 와서 울까
바람은 세차게 불어서
그와 엇갈린 길을 만들어 놓고
풀은 그리움 때문에 잎새를 흔들며
풀피리 불게 되는가
돌아가면서

그는 반드시 올 것이라던 손짓을
기억해 내고 있다

코로나가 산책을 막아선다

원광대학교 식물원에 가면
잊어진 이야기 불러낼 것 같아
모처럼 나들이를 서둘러 가보았더니
식물원 입구에서 푯말하나가
위험신호처럼 꽂혀있다

올 이른 봄부터
유월 봄이 가는 길목까지 빼앗아간
코로나의 신종 병마가 길을 막고
하나씩 불러줄 이야기마저 빼앗아가고 있다

봄은 코로나의 등에 밀려 가버리고 없다
사람이 안부를 묻고
사랑을 나눌
자연의 동산마저 없다

작년 11월을 지나 한해가 저물 때까지
눈발마저 내리지 않더니

이른 봄부터 코로나의 위협이 엄습해 있다

식물원 빈 뜨락 사람의 발길이
멈춘 자리에
다만 고단한 바람이 밀렸다 지나면서
잃어버린 봄 뜰을 달래주고 있다

코로나가 사람의 자리를 빼앗아 가고

얼마였던가
우리들의 시절은 시들어 간지 오래고
마른 풀잎처럼
옛날은 그렇게 그리움에 묻혀

어찌보면 풀벌레처럼 윙윙거리다가
안개처럼
무심한 정만 묻힐 것 같고
바람으로 밀리어 갈 것 같고

다만 흔적으로 묶이면서
밀리어 버릴지
별처럼 희끗희끗 번지고 있는
그리움의 자리 찾고 싶은데

이른 봄부터 여름의 지금까지
코로나가 목숨을 위협하고 있어서
코로나 그 죽음이 파동치고 있어서

갈 수가 없다

사랑의 이름표마저 홀로 옛길
옛 능선에 나부끼고
안 호주머니에 깊이 스며들고 있는
차갑게 파동 치는 사랑과 번민이 묻힌 자리
공포의 코로나가 엄습해 와 있다

만경강 유역에서

강 유역에 가면
내 그리운 날이
동화처럼
물위에 떠 논다

햇살이 간절할 때
강 유역에는
해오라기가 먼저와
내가 듣고 싶은 이야기 풀어내고 있다

갈잎 흐늘대다가 바람에도 젖은
망초꽃과 같이
유년의 뜰을 서성대면
엊저녁 내린 빗물에 젖었다가
기억은 파랗게 돋아나고

물은 세월과 같이 흐르는데
흐르면서

옛 노래 부르는데
해오라기가
징검다리 건너쪽에서
쓸쓸히 나를 응시하고 있다

내장산 단풍

붉은 피의 결집이다
결백을 바람에 태운 춤이다

산정을 오를 때
오를수록
음계는 타오름으로 높아가고
풀잎이 유난히 달막거릴 때
나뭇잎은
바다 깊이
파도의 높이처럼 출렁인다

산은 온통 황홀한데
흡사
눈빛 하나쯤 흘기는 것으로
사랑의 부끄러움 감출 것인가

어느 난간에서
얼굴 붉게 타오르는

사랑의 연주쯤 시작되겠지만
저 산정을 딛고 타오르는
사랑의 춤은
사랑꾼의 숨결과 같다

화첩에 끼인 소녀

어느 거리에서
화가의 그림을 들여다보다가
나는 그림 속에서
한 소녀의
부르짖는 듯한
눈물을 만나게 된다

삐걱대는 세상의 통로가
너무 넓다 못해
우리들은 소녀의 간절한 뜻을
왜 새기지 못했는가
나는 허망한 생각으로 가슴을 조이고 있다

기껏 삶을 가꾼다 해도
백년을 넘기지 못하는 세상에
투기하고
정의 자리마저 박차고
인정의 사슬마저 끊어 놓은 세상을

거리의 화가는
한 소녀를 모델로 삶을 호소하고 있다

날개가 없어
사람들은 날 수 없는 고통의 범람 속에서
소녀의 우울을 만나게 된다

유년의 뜰

닿을 듯
잡히지 않는
아스라한 자리였다

바람 시름시름 젖어서
그리운 날을 부르는 자리였다

뒷동산 거닐다가 찔레나
꽃들이 지핀
봄의 이랑도 서성이면서
꽃들이 홍건한 산길을 가면

잡힐 듯
아스라이 밀리는
어린 시절의 꿈이
낯선 길 산마루에 앉아 있었다

지나간 날의 빈 자리

세월 간 자리
어두운 장막에 가린 자리
그 자리에 들어가 보면

초립동의 풀피리보다 가녀린
사랑은 굶주린 채
흐느껴 울고

엉켜버린 문명 뒤로 밀리는
시름 진 세월을 부르고는
빈자리
공허로워서 탄식하고

만날 수 있는 게 있다면
찾아가야 하는 데
세월 간 자리
그 자리에 서서 나는 끝내 빈 하늘을 본다

한 겨울 한파를 두고

회한이 빙하로 남았다가
때로는 바람에도 젖고
때로는 골짜기에 남았다가
뚝뚝
떨어져
이 차가운 겨울을 가꾸어

강으로 간다
강 건너 바다로 간다

아주 오랜 세월 엇갈린 삶이
피곤해서
이 적막한 날의
겨울에
빙하가 되었다가
한 세월 회한은 남아
끝내는
뚝뚝 떨어져

강으로 간다
바다로도 간다

창포꽃 피어나는 물가에서

진봉평야 넓은 자리
개울에 이르면
창포꽃이거나 이파리 너울이는 유월인데

창포비녀를 꽂거나
꽃 보러 찾아오는 사람
하나도 없고

다만 늦보리밭을 돌아 온 바람이
물가의 창포꽃을 어루고 있다

옛적
이 자릴 찾았던 사람을 불러댄들
돌아오지 않고

이 쓸쓸한 물가에 서서
나는 창포에 묻은 세월을 쓰다듬으며
오래전

할머니의 쪽진 머리를 보고 있다

맑은 물 흐르는 물살에
창포이파리 씻겨나고
꽃은 물그림자 속에 묻혀 돋아나고

한 세월이 쓸려간 이야기
전설로 남아
바람에도 시름겨운 채 나부끼는데

나는 물가의 창포꽃 피어나는 자리에서
지나간 날의 이야길
숨죽이면서 엿듣고 있다

만경강가에 서서

내가 살아온 세월을 묻기 위해서
만경강과 더불어
거기서 소생하는 많은 잡풀과
삶의 때가 묻은 오솔길과
정갈한 이야기가 같이 빠져버린
물이랑을 넘겨보고 있다

밀알처럼 영글어버린 시절을 가꾼
바람이 톱니처럼 돌아가면서
숲은 우거진 채 새가 울고
물새는 물가의 이랑에서
내가 살아온 이야기를 핥아대고 있다

눈이 부신 것 아름다운 까닭에 가슴 조이고
몇 겹의 그리움이 만경강 유역을 다스리면서
갈숲과 억새와 망초 우거진 자리에
내가 살아 온 세월을 낚아 올리게 한다

계절은 오는데

계절은 어김없이 오고 있는데
지나간 시절
꿈 담은 유년의 뜰은 꽃피고
나는 여기서 왜 움츠리며 추워할까

고샅길 억새가 할머니의 머리처럼 허옇고
언덕배기 오르다가 만난
그 때 어린 시절의 이야기 담고 있는
풀잎을 바라보면
얼마나 많은 것 그리움으로
떠돌고 있는가

세월은 가지만 그리움으로 오고
우리들의 사랑
남아서 놀던 뜨락에 오르는데
왜 바람은 희뜩희뜩 젖어서
불어 대는가

나는 팔월 무르익는 한가위에 이르러
잊어진 세월
사랑에 목이 메이는 사람들을 부르고 싶다
밤이면 달이 뜰 것이고
그 달빛 젖은 밤을 맞아
이 밤 달맞이 할지 모르는
아득한 날의 친구
그런 친구 부르고 싶다

아픔의 터널

빙벽을 오르듯이
그렇게 숨결은 가파른데
육신을 끌고
인고의 긴 터널을 건너 왔다

무엇이 사무쳐서
이 아픔의 육신을 쑤시게 하고
바람에도 젖은 날
수많은 시간을 그리움 때문에
아파서 허우적대고 있는가

한 여름 폭우 몰아치고
언덕배기에 오르고 싶은데
끝내 올라갈 힘이 없다

옛날 어깨동무를 하고
거닐던
낯익은 거리에 바람이 불고

나를 저만큼 시선 밖으로 나부낀
세월을 불러
희뜩희뜩 빛나는 시절이
바람에 묻힌 걸 쓰다듬고 있다

제 4 부

지리산 찬가

귀향 · 1

옹골지게 키가 커버린
정자나무 아래에
유년이 묻혀 있을 것이라는
믿음 때문에
사랑과 평화와 인정을 물으면서
고향 어귀에 와 있습니다

철 따라 꽃은 피어오르고
산풀이 지천을 깔고 있는
자리에서
그리운 얼굴들을 부르기 위하여
산릉선 쪽 오솔길을 걷고 있습니다

한 겨울인 까닭에
댓잎 스산히 떨려나고
고향 뒷산
내가 자란 자리의 짚단을 찾아 헤매며
새록새록 돋은

기억을 줍고 싶지만
깡그리 말라버린 자리
흔적마저 찾을 수 없습니다

사람이 사람을 그리워하는 것은
그것이 삶으로 풀어 대는
운명이겠는데
어차피 잃어버린 세월을 배기고 있습니다

귀향 · 2

내가 태어난 곳이어서
그리고 자란 곳이어서
여름 한낮의 갈증처럼 타오르는
사랑을 들고 왔습니다

사랑이 질펀히 깔려 있을
사랑을 줍고 싶고
기다리는 사람이 문밖에서 서성일
그 음성을 듣고 싶고
길가에 즐비하게 널려 있는
생활의 흔적에 묻혀보고 싶고
아버지의 등짐 높은 가을걷이를 보고 싶어서
고향을 바라보고 있습니다

막 뜰을 나서고 있는데
내가 소리쳐 부르면
허공에 맴도는 것 뿐
고향은 매몰차게 상흔에 쌓이고

아무도 마중하는 이 없는
이 기막힌 풍물을 울리고 있습니다

돌아가고
그 모든 것마저 앗아간
언덕에 오르고 있습니다
아무도 올 리 없지만
내가 자란 곳이기에
나는 나의 언덕에 오르고 있습니다

고향의 강

자주 마주친 바다
또
고향의 강 보게 하소서

패인 웅덩이에 주저앉았던
지난시절 잊어버린 날에
그리운 사람도 만나게 하소서

백사장 사각거리는 소리
짠 내음 배인
물
그 속에 잊어진 날을
휘어잡고 놀게 하소서

메마른 흙더미 먼지 일고
자주자주 만나는 사랑
고향의 강 만나게 하소서

그리움의 숨결 하나 묻어

봄나들인데
자운영이며 할미꽃이 눈에 접히지 않습니다
물여울 구름처럼 밀리는 자리인데
송사리며 붕어가 놀아대고 있지 않습니다
돌담이 줄지어 늘어선
고향어귀 같은데
칭칭 감아 조이는 잊어버린 세월 때문에
손짓하며
아우성치며
어깨동무하자고 뛰어오는 친구가 보이지 않습니다

바람은 불고
혼자 언덕너머에 이를 때까지
노래는 시름겨운 내력을 물어대고
어머니 가슴에 묻었던 어린 날의 숨결이
나부끼는데
그리움만 봄날 꽃잎 우수수 지듯 나부끼고 있습니다

유년의 뜰에서

버들강아지 늘어진 거리에 들어서서
꿈으로 놀았던 기억을 찾으면서
샛바람 건너가는 쪽에
누가 있었는지 물어가고 있습니다

꽃 잔디 널브러진 언덕배기에 오르면
바람은
내 어린 시절의 노래로 속삭이고
잔가지 끝마다
졸고 있다가 흔들어 대는데
버들강아지 늘어져있는 쪽에 서 있습니다

유월 푸르른 숲길 사이
수많은 흔적들 묻어있는
빈자리에 서서
내가 살아온 날을 옥구슬 굴리듯
유년의 꿈을 굴려대고 있습니다

겨울인데

계절도 잃은 뜨락
눈이 아니라 바람이 논다
봄 기슭 따라나선
설렘처럼 바람이 논다
그 하얀
손잡고 갈 겨울 설화만 논다

뻐꾸기의 오열하는 자리

참꽃 이파리 피고 지는 세월의 둘레에 가면
중요한 것
소리치며 찾아올 것이고
즐거움의 뜨락이 들썩거리며
사랑은 꽃물로도 흥건히 배일 것이고

밀월처럼 비밀스럽게 찾아들던
단수수밭에
침잠한 삶의 놀이도 숨어 있겠지
호드기처럼 희뜩희뜩 번질
그것들이 소리쳐 올 수 밖에 없으면
우리들은 어깨동무하고
삘기도 뽑아대는
시절의 풍습에 취할 것이고
그런 시절이 그리워서 소리쳐 부르고 싶어
새가 울고 있는 풀섶을 헤쳐가고 있겠지
무엇인가 있을 거 같아
외면할 수 없는 거리를 따라가면

목 놓아 뻐꾸기가 운다
비겁한 행실이 미워서
뻐꾸기가 오열하는 자리에 와 있다

스쳐간 날의 노래

삶의 찌꺼기는 언제나 허망을 노래하게 된다
열화처럼 타오르는 꿈을 키우면서
삶을 가꾼
푸른 숲 울창한 자리에서
전설같은 이야기 지풀어놓고
바람이 스쳐가는 날의 이야기 풀면서
뉘엿뉘엿 저문 날을 쓸어대고는
문득 잡혀오는 소나무 푸른 자리
눈부신 삶의 터전에 이르면서
푸른 이끼 질편한 자리
스쳐간 날의 흔적 주목해 바라보게 된다

바다가 보이는 쪽
그 시절 한꺼번에 걸쳐놓은
까마득한 날의 이야기 여울지듯 쏟아지면
세월은 멀찍이 밀린 빈자리
삶으로 묻어둔 상심이 움츠려 있는 까닭을 알고

스쳐 지나간 역사의 모퉁이에
갇혀서
까맣게 그을린 빛 무더기가
늙은 거위처럼 웅얼대고
그 자취만 남아
혼돈으로 질컥대고 있는 것을 본다

이산가족 · 1

어머닌 속울음으로 얼마나 울었던지
이마며 볼 마다 벌겋게 타오르고
손은 떨린 채
아들의 손을 끌어안고
있었습니다

적막은 오래 젖어 흐른 채
이산의 아픔을 속울음으로 어루고
간혹 거친 숨결만 공간을
적시고 있었습니다

어머니 건강하세요
그렇게 떨리는 목소리 귀에
담고는 어머닌 가만히 이별을 보는
아들의 손을 잡고 있었습니다
이산의 아픔
팔순의 고개를 넘어가는
어머니의 마지막 만남이

마지막 이별이 되는 자리에서
모자는 깊이 침묵에 묻혀 있습니다
어머닌 속울음으로 울고
아들은 침묵한 채
어머니의 속울음에 절어
아픈 신음으로 울고 있습니다

이산가족 · 2

많이 그리운 걸 손끝에 걸고
불러보는 어머니
어머니는 아들의 얼굴에 손을 비비고
그렇게 만남은 순간이었습니다

이별을 알리는 차창에
어머니는 얼굴을 디밀고
아들은 차창을 두들기는데
차는 떠나가고
어머니는 차창의 빈 하늘을
보고 있습니다

가을바람도 차가운데
옷섶을 여미거니
이별은 끝내 종착역에 이르러
끝내는 돌아올 수 없습니까

떠나는 것

손쉽게 속앓이 하고
아들은 어머니의 사랑에
끝내는 울부짖고 있습니다

고향에 간다

고향에 가면 누가 반겨줄 사람이 없지만
나는 고향에 간다

만나는 사람마다 정주는 사람이 없지만
아주 오랜 시절에
정 묻은 고샅길 들어서면
잊어버리고 있었던 잡풀들 즐비하게 맞아주고
틀어져 있는 담벼락에 다람쥐나
새들이 앉아서 놀다 날고

외딴 집에 살았던
할머니 허리 굽은 모습이
파노라마처럼 스치고
내가 살았던 집 너른 마당에
나와 동네 아이들
땅뺏기 하고 놀던 풍경이
옛 놀던 자릴 지켜주고

고향에 가면
유년의 풍장 치는 모습이
그리움으로 떠올라
나를 맞을 것 같아 고향에 간다

바람이 성글게 내 등 뒤를
밀어 댈 것 같아
설레는
어머니 숨결이 배인 모습이 있어
가슴 조이는
나는 내가 살아 온 걸 찾으러
고향에 간다

거기가 고향인지 모르지

실개천에 버들잎이 있고
저녁 안개가 내려와 있고
밤이 적요롭게 젖어 있는
산책길에 서면
아마 거기가 내 고향인지 모르지

마을 뒤쪽으로 갈숲이 뭉개져 있고
강둑을 한참동안 따라 나서면
논머리에 허수아비가 놓여 있고
비구름이 지나간 논둑길에
민들레 노랗게 피었다 솜털 털어낸
아마 거기가 나와 우리들의 고향인지 모르지

금단의 세월이 엮어놓은 까닭에
내 머리 백발이 되어
바람이 여미어 놓고
하나씩 기억을 추스르게 되면
정다운 이름들 활동사진처럼 지나고

가버린 정 사랑도 무더기로 남아
그리움을 솎아 내면서
눈물도
웃음도
발처럼 짜 늘리며 사색하는 자리
아마 인연의 울타리에
묻힌 것
거기가 내 고향인지 모르지

신성리 갈밭에서

신성리 가을 갈밭 산책길에서
들국화 몇 그루를 만나게 된다
시들어 가는 갈밭에서
생명의 신기루를 연출하면서
찬연한 빛과 향기와
아슴한 정까지 솎아내고 있다

해가 기울고 있는데
불타는 햇살은 갈숲에 움츠리고
강물의 출렁거리는 기로에
갈잎은 스산한 소리를 쏟고 있는데
들국화 갈밭에 묻어
함초롬히 웃고 있는가

사람은 늙음에 그리움 두고
갈밭을 산책하고
아름다운 시절을 엮어 노래하는데
어디엔가 까마귀 무슨 소식 듣고

여기와 울게 되는가
노을 지핀 갈밭 저녁인데

할아버지의 자리

할아버지는
내가 학교에서 돌아올 때면 언제나
마루 끝에 앉아
긴 담배를 물고 하늘 끝을 바라보곤 했다

내 할아버지의 외로움이 무엇인지
까맣게 모르고
할아버지의 한숨이 무언지 모르고
할아버지의 세월을 넘겨보다가
할아버지의 한숨을
내가 자란 오늘에야 느껴보고 있다
가난에 젖은 아들과 딸들의
불편한 삶과
일찍 세상을 뜬 할머니의 몫까지 품에 안으며
얼마나 안타까워했을까
내가 어른이 되어 할아버지의 아픔을 보고 있다

할아버지가 마루에 웅크리고 앉아

긴 담배 피우던
세월 지난 할아버지의 자리에서
할아버지의 수심 깊은 모습을 보고 있다

금강 하구언에서

산까치 울고 갈 때
금강물 굽이쳐 세월 감아 가고
바람은 째보선창의 전설을 묻는다

일세기가 넘어선 핍박의 시절도
낡은 뱃판이 찌그러지듯
침잠하는 시절이 어디론지 가고 있다

삭막은 언제나 삶의 굶주림으로 오는 것
삶의 핍박으로 오는 것
장항 제련소 연기 전설로 묻혀
흔적만 도타웁게 끼어 있고
군산과 왕래하는 나루터 뱃전에
사람의 흔적은 남아
갈매기가 울어대고 있다
금강하구의 바람은
역사의 톱니처럼 불어대고 있다

빼앗긴 삶

가난을 훈장처럼 걸머쥐고
매일 바람 앞에 선다
목숨을 끌면서 살림을 주섬주섬 챙기고 있지만
넝마처럼 찢겨진 옷소매 속으로
시든 풀잎처럼
끝내는 오열하게 된다

무엇을 갈망하면서 가난으로 함몰되어 가는 순간에
어떤 주문을 서둔들
손에 잡혀오는 게 있을까

무엇하나 챙겨야 할 텐데
챙길 물건이나
담을 그릇마저 갖고 있지 않아서
하루의 노동의 끝에 젖은 땀을
바람에만 헹구어대고 있다

지리산 찬가

1507미터의 고산지대 언덕배기에
국화꽃이며
들국화가
새 희망의 메시지를 나르면서
햇살 곁에
사람을 부르고 있다

옛날에는 이곳에 날짐승들이 모여
외로운 처지를 나누면서
지저귈 터인데
문명의 터널을 지나는 동안
짐승들은 골짜기 깊이 숨어버리고
자동차 바퀴와
불빛과
천 길 낭떠러지 골짜기를 볼 수 있는
망원경과
아이들을 부르면서
가을 풀꽃은 언덕의 후미진 곳에

어느 누구의 것도 아니다
어느 누가 끄는 것도 아니고
모두가 밀고 끌고 회전시켜야 하는 것이다

동토의 땅
메마른 허기가 오래고 긴 역사의
수레처럼 돌아갈 새만큼
모두가 주인이 되어야 한다
움푹 파이고 방치된 곳이 얼마인가
가꾸다 다툰 흔적이 누구의 아픔인가

국토의 변신
삶의 수레가 여기에 놓여 있는데
모두가 밀고
모두가 행복한 깃발을 꽂아
삶의 성전이 되어야 하지 않겠는가

나는 변신하는 광활한 미래
카프카의 그보다 훨씬 크고 장황한 변신의 몸짓을
보고 있다

고향찬가

내 고향은 언제나 그림자로 남아 있기 일쑤다
사랑으로 달아오르는데
먼 시선 밖에
밤으로 타오르면서 빛나 있고
기억은 포도알처럼 뭉쳐있는데
정으로 얼린 사람들은 곁에 없다

아득한 날 개울물 흐르는 곳 유년의
놀이터에 남아 있고
한 여름 무성한 풀잎이 자라는
논두렁에 묻혀 있고
사랑방이나 너른 마당에서
윷놀이하던 그 자리에 있고
그리움의 나래위에 걸쳐 있어서
그 때마다 나는 빈 하늘만 본다

우리의 세월은 가는데
흔적은 남아 바람에 젖어 떨고

누가 돌아온다는 기별도 가마득하고
누가 와서 정든 숲길을 걷자 하지도 않는
빈한한 시절
모두를 잃어버린 통로만 남아있을 뿐
나는 빈자리에 서 있다

밤은 질풍처럼 와서
그리운 꿈마저 떨어뜨리고
우리가 새겨야 할 기억의 이름들이
밤별을 헤아리면서 반짝이고 있을 때
그리움의 시절은 물레가 돌 듯
반드시 외우고 있어야 할
우리들의 노래가 하얀 세월의 덤불에
덮여서
악장의 맨 끝 저음에 묻혀
떨기만 하고 있다

코로나 19를 앞에 두고

일년도
다시 일년도 꼬박 지나
길을 가는 사람의 꿈도 막아서고 있는 코로나

정을 떼어 놓아
한 걸음 멀리 두고 있는데
어찌하란 말인가

금시 스치리라 믿은 코로나
일년을 지나
또 일년을 맞고

추석 한가위마저 막아서는가
첫눈 내리고
새봄맞이 돌아올 설 때도
막아 설 것인가

엊그제 낯선 지역의 친구가 안부를 물어 왔는데

우선 코로나19에 건강이 어떠냐고
앞세워 묻는데

친척도
이웃도 멀리 두고
올 추석마저 보내게 되는데
내년에는 그리운 사람 찾아가
외로웠던 삶 물으면서 만나고 싶다

| 작품해설 |

지난 봄이 새 봄에게

- 유나영 시집『단 한 번의 사랑을 부르게 해 주오』읽고

이송우 | 시인

| 작품해설 |

지난 봄이 새 봄에게

- 유나영 시집 『단 한 번의 사랑을 부르게 해 주오』 읽고

이송우 | 시인

아무 것도 아니며 모든 것인 존재가 있다. 끝이면서 동시에 시작인 존재, 물고기자리의 이야기다. 그는 강가의 이름 없는 돌멩이가 되는 꿈을 꾼다. 억겁을 흘러온 강물 곁에서, 모난 모습을 조금씩 둥글게 만들어 가면서. 그는 양자리의 불을 뿜고 나아가는 힘과, 사자자리의 제 기쁨을 찾는 열정이 충만한 시절을 넘어, 전갈자리처럼 자신의 권리를 주장하기도 하고, 염소자리처럼 제 지위를 달성하는 삶을 살아낸 것이다. 그리고 돌아와 강가의 돌멩이처럼 스르륵 스며들고 싶다. 물고기자리의 꿈, 그것은 외부의 권력과 강압에 흔들림 없이 자기 내면의 정신적 자유를 찾아 나서는 여정이다. 물고기자리의 꿈은 사계절을 모두 겪어낸, 운명의 한살이를 완수한 자의 새로운 도전이다. 왜냐하면 그것은 새로운 사계절의 순환을 시작하겠다는 선언이기 때문이다. 이것이 이번 시집에서 드러낸 유나영 시인의 꿈이기도 하다.

그리운 봄의 향기, 물이 나무를 키워내듯

'봄 · 여름 · 가을 · 겨울을 왜 잊고 있었나' 라는 자기성찰을 누가 할 수 있는가. 봄과 여름엔 뒤돌아볼 필요가 없다. 동화 속 아이들처럼 봄의 나무들은 위로 뻗어갈 뿐 회고하지 않는다. 가을을 지나 겨울에 이르러서야 뒤를 돌아보고 또 앞을 바라보게 되는 것이리라. 시인은 봄의 향기를 그리워한다. 다만 그리운 봄은 지나간 봄이기도 하다.

> 그런데 나는 왜 철없는 시절에
> 소꿉장난을 한 기억을 잊고 있었는가
> 정든 아이의 이름과
> 정든 아이의 삶과
> 그렇게 얽힌 사람의 기억을 건져내고 싶다
>
> 봄의 새싹이 돋고
> 여름의 신록이 지핀 자리
> 가을에 잎이 지고

시방 겨울이 오고 있는데
그 하아얀 눈살에 젖은 우리들
동화의 동산을
왜 잊고 있었는지
그 시절 꿈의 이랑에 지핀 꽃처럼
꽃보다 고운 사랑을 왜 잊고
이제 왜 그 사랑을 부르고 있는가
나는 다섯 살 유년의 동화를
엮어 내고 있다

-「어린 시절에 엮어낸 동화」 전문

강가의 돌멩이는 운다. 다만 강물의 눈물을 따라 함께 속울음을 울 게다. 떠나보낸 모든 것들을 하나씩 기억하면서. 그래서 시인에게 '모두가 떠난 뒤에' '아마 바람이 남아' '참 많이 울고 있' 는 모습은 자연스럽다. (「모두 떠난 뒤에」 중) 그런데 이상하다, 백 년이 되었는데 그이는 왜 항상 초등학생일까. 백 살이 된 초등학교, 백 살이 된 피터팬!, 그들은 어떻게 그 자리에 그대로 있을까. 항상 아이들 곁에 있기 때문이 아닐까. 아이들과 함께, '백 년의 세월을 안은' 역사는 '고사리손 마주하고 자라온 터전' 이 된다. (「오산 초등학교 교정에서」 중) 다시 한 시절을 시작하기 위해선 유년을 돌아봐야 한다. 물이 나무를 키워내듯, 물고기자리는 아이들을, 아니 자신의 유년을 돌아본다. 시인이 시집 1부에서 봄을 바라보는 시선이다.

유나영 시인의 봄은 그리움이다. 고향이다. 달빛이다. '이상의 날개' 다. 과수원이다. 완산 초등학교이고, 백년의 역사다. 그것은 메아리이고, 또 바람이다. '봄을 잔인한 계절' 이라고 한 것은, 살모사가 제 어미를 찢고 나오는 것처럼, 나무가 얼어붙었던 어머니, 대지를 뚫고 나오기 때문이다. 시인의 봄에 눈물이 묻어 있는 이유이기도 하다. 봄은 언제 올까. 눈이 오는 계절부터 시작한다. 눈 내리는 겨울은 봄을 향한다. 눈은 봄의 마중물이다. 대지에 녹아들어 생명을 불어넣는다. 눈은 물고기자리처럼 그 안에 모든 꿈을 품고 있다. 그 안에는 아른거리는 정이니, 아장거리는 아기 걸음이 숨어있다. 시인의 겨울이 봄인 이유이다. 눈은 고향의 정이고, 우리들의 놀이이자 삶의 율동이다.

눈이 내리는 날
고향을 부르면
아른아른 점철된 정은
다소곳 숨죽이면서 자분대고

뜰마다 무성한 풀잎 눈에 덮이면
그 속에 묻힌
우리들의 놀이와 같이
거기쯤 기지개 켜는 삶의 율동도

맞이하겠지

바람은 시시각각 밀리고
눈은 내리면서 날리는데
가만히 옛 정 찾으면
정은 아장아장 아기 걸음으로 다가오는 걸 보게 된다

- 「눈 내리면」 전문

시인은 그리움을 향해, 봄날을 향해, 고향을 향해 날아가고자 하는 새를 관찰한다. 그런데 이 새는 누구일까. 언덕 너머 날아가는 새는 누구일까. 날개가 없는 시인은 현실에서 날지 못한다. 그러나 '진드기처럼 달라붙는' 그리움((「그리움」 중)의 꿈 속에서, 시인은 날개를 달고 날 수 있다. '날자, 날아보자꾸나' 라고 외쳤던 이상(李箱) 시인처럼, 날고 싶은 바람을 숨기지 않는다. 새가 되어, '언덕 너머 밭이랑' 으로, '총총히 박힌 그림움 쫓아' '사무친 이야기를 붙들고' ((「새는 그리운 날 날아가고」 중) 고향을 향해 날아가고자 하는 것이다.

마치 봄을 노래하는 대선배가 하회탈 같은 미소로 어린 후배를 바라보듯, 시인은 영원히 소년인 봄을 바라본다 그 광경이 얼마나 예쁘고 아름다운지 몇 번이고 시집을 뒤적여 보았다. 시집 속 봄에 끌린 것은 유나영 시인

식으로 말하자면 '고향'에 끌린 것이다. 고향의 풍경은 따뜻한 사람과 마찬가지다. 아, 내게도 따뜻한 사람이 있었으면, 아니 나도 저런 고향이 있었으면 하는 생각을 했다. 유나영의 시 속에서 '그 사람은', 아니 고향은 웃는다. '달보다 곱게', '푸른 빛살 꿈으로 살자'고, '개나리처럼', '꽃잎처럼', 그 사람은 웃고 있고, '눈짓하고' 있고, 또 '푸시시 웃는다'. (「그 사람은」 중) '봄날에 연분홍 꽃저고리를 입고', '고향 어귀 그리운 것들을 불러대다가', 잊었던 '고향 언저리' (「봄의 이야기」 중)를 이야기하는 시인은 이제 바람 부는 봄날을 노래한다.

명리학에서 봄은 나무를 뜻하고, 나무는 다시 큰 나무에서 덩굴나무로 진화한다. 나무들은 각각 우레와 바람을 상징한다. 따라서 바람은 봄의 노래이다. 바람 부는 봄날, 우레처럼 소리치는 나무를 보라. 그것이야말로 봄의 노래가 아니던가. 봄은 해맑은 소년이다. '개울가에서 논' 기억이나, '부르고 싶은 이야기', '내 동무의 얼굴'이(「유년의 시절을 보면」 중) 바로 시인의 모습이고, 봄이 되고 싶은 시인의 마음이다. 소리쳐 부르는 것, 달빛 쏟아부은 세월을 부르는 것은 그리움을 담는다. 이처럼 시집 1부에서 드러나는 봄은 회고되는, 절절한 그리움을 가득 담은 '지난' 봄이다.

차오르는 여름의 기쁨, 나무는 불을 지피고

작렬하는 여름의 태양은 청년의 상징이다. 뜨거운 햇볕 아래 농부들의 손놀림은 바쁘다. 청년들은 삶의 기쁨에 절로 웃고 울며 잔을 든다. 그 웃음과 울음은 꺾이지 않는 젊음의 상징이다. 누군가 칭찬하면 기쁨을 숨기지 못하고, 또 누군가 비판을 거세게 부닥친다. 폭풍같은 젊음의 기세를 누가 탓할 수 있을까. 여름의 별자리들은 게자리, 사자자리, 처녀자리를 아우른다. 봄의 나무가 나의 정체성과 발전을 지향하기 위해 일어섰다면, 여름의 화려한 꽃들은 나의 안정과 기쁨, 삶의 질을 한 단계 높인다. 명리에서 여름은 불꽃을 뜻한다. 나무가 불을 지펴 타오르는 꽃이 된 모양새다. 유나영 시집의 '여름'은 이런 열정과 사랑을 담고 있다. 뜨거운 여름처럼, 시인은 서로 사랑하고 포옹하는 정서를 희구하는 것이다.

> 아주 먼 우리들의 놀이터를 잊었는데
> 기원하오니
> 내가 손잡을 약속의 자리를 주오
> 사무치고 정에 젖은 그 자리
> 언덕이어도 좋고
> 문고리 달랑대는 자리어도 좋으니
> 맞잡은 따뜻한 손을 주오

초가마을 몇 호씩 듬성듬성
놓여있는
우리 삶의 터
가서 추운 날 서로 얼싸안고
포옹할 자리를 주오

아주 먼 날의 우리들 이야기
기억은 잡풀처럼 무성한데
그 기억의 밭에 가서
사랑의 씨 뿌릴 손을 주오

-「단 한 번의 사랑을 부르게 해 주오」 전문

어느 시인은 바다가 자신의 애인이라고 했다. 밀려들어 왔다가 빠져나가고, 찾아오면 언제나 그랬듯 힘차게 자신을 안으려고 달려오고 또 산산히 부서지면서도 지치지 않는다. 여름의 태양이 가장 빛나는 곳이 칠월 바다이다. 미未월은 여름 삼 개월인 사오미巳午未월 중 마지막에 위치하며, 가을로 넘어가는 환절기에 자리를 잡고 있다. 이 거친 바다의 함성은 젊음의 증거이다. 저렇게 용솟음치는 여름 파도만큼 힘센 존재가 어디 있을까. 이야말로 영원히 죽지 않는 청년, 젊음의 다른 이름이 아닐까.

시인은 겨울 바다의 쓸쓸함을 건너, 칠월의 여름 바다

에 주목한다. 실상 어두운 계절을 넘어온 사람만이 '폭염을 손질하는 물줄기는' '아이들을 부르고' '사람을 부르고' '사랑을 부르고 놀' 수 있다. 거기에는 생동하는 아이들과 사랑을 부르짖는 물줄기들이 있기 때문이다. 그 물줄기들은 시인의 시선을 냇가로 이끈다. 그것은 단연코 겨울 냇가가 아닌 여름 냇가이다. 명리에서 천간 병화丙火와 정화丁火가 여름을 상징하는데, 각각은 태양과 별빛을 의미한다. 낮에는 작렬하는 태양 아래 꽃밭이, 밤하늘에는 꽃밭을 내려다보며 별빛이 가득한 여름. 땅에는 꽃밭이요, 하늘에는 별이 총총한 날. 별을 보러 가자고 다짐하는 시인은 '별똥 따라 노래 부르는' '유년의 난간에 서보자' (「고향의 뜰에서」 중) 라고 제안한다. 죄 없는 유년, 아니 죄 없는 젊음에 대한 칭송이다. 나무를 태우며 일어서는 불꽃, 그 오행의 뜰, 꽃밭과 별똥별 지는 하늘에는 틀림없이 불멸의 사랑이 가득했으리.

'사랑' 이 젊음의 한 면이라면, 그 반대면은 '투쟁' 이 될 것이다. '장기하와 얼굴들' 밴드는 「그건 니 생각이고」이라는 노래에서 기성 세대들을 통렬하게 비판한다. 청년의 기세다. 요즘 청년들은 대놓고 들이받는 것 보다는 다소 이죽거리고 또 빈정거리며 기성세대와 불화하는 모양이다. 여름에 천착한 시인 역시 이 정서를 복제

한 것일까. ‘하마터면 열심히 살 뻔 했다’ 는 자조의 심상을 보여주는 것이 아닌가. ‘바위 앞에서/균열을 보는 것은/여간 쉬운 일이 아니듯’ (「바위 앞에서」 중) 시인은 쉬엄쉬엄 넘고 넘어서 바위 앞에 선 모습을 보여주고 있다. 바위는 시간을 뛰어넘는 존재이다. ‘기성’ 이라는 이름 역시 바위처럼 시간이 멈춘 통시대적 존재일지도 모른다.

신新청년은 힘을 주지 않는다. 자존심을 내세우며 폼을 잡지도 않는다. 권력에 취해 뇌의 변형을 겪는, 밉상인 노인들과는 결이 다르다. 바위처럼 그대로이다. 산업자본주의 시대 진입 이후, 자본의 논리는 ‘열심히 살면 너도 나처럼 될 수 있다’ 는 유혹일 것이다. 그러나 사회계층 구조가 견고해지면 아무리 발버둥쳐도 그 ‘덫’ 에서 벗어날 수 없다. 청년들의 불만과 억울함은, 어른들이 시키는 대로, 사회가 지시한 대로 성실히 살아왔는데 돌아온 것은 아무것도 없다는 절망에서 비롯한다. 따라서 신자유주의 자본에 대한 가장 강렬한 저항은 ‘쉬엄쉬엄 가자’ 는 주장이 된다. 그것은 ‘물 흐르는 것처럼’ ‘산바람 자연스레 흩날리는 것처럼’, ‘그렇게 돌아가는’ (「삶은 자연스럽게」 중) 길이 된다.

추수 끝난 가을의 상실, 황량한 벌판이 반짝이는 금을 낳듯

가수 김창완은 「회상」이라는 곡에서 가슴 시리게 독백한다. '길을 걸었지 누군가 곁에 있다고 느꼈을 때 나는 알아버렸네 이미 그대 떠난 후라는 걸 나는 혼자 걷고 있던 거지 갑자기 바람이 차가워지네' 라고. 쓸쓸함은 가을의 정서이다. 쓸쓸함은 추수가 끝난 황량한 벌판, 가을 흙의 물상이다. 여름에 대한 칭송, 젊음의 열정을 뒤로 하고 가을이 왔다. 시인은 부르짖는다. 대관절 그 많던 동무들은 모두 어디로 갔을까. '나는 많이 어리던 날의 친구' '이름을 부르고 있었' 는데, 문득 뒤돌아보니 '나는 혼자인 채/추억의 밭을 밟고 있' (「추억의 밭」 중)었다. 그리움과 사랑을 노래하던 시인은 이제 인생의 가을을 주시한다. 그것은 한바탕 그리움과 사랑의 회고, 아니 일장춘몽이 깬 후의 쓸쓸함이다. 다시는 이뤄질 수 없는 꿈을 슬퍼하는 사람처럼 시인은 쓸쓸함에 몸서리를 친다. '따뜻한 품이 얼마나 그리운지' '돌아갈 길을 너무 많이 와서/참을 수가 없습니다' (「너무 많이 와서」 중)라고 시인은 고독 속으로 빠져든다.

여기 한 깨달음이 있다. '찢겨 나부끼면서 휘감고 있는/곡예처럼' '물결 넘나듬처럼' (「세월」 중) 삶이 가을 바람처럼 멀어져간다는 깨달음. 그 깨달음은 홀로 된다는 두려움과 만난다. '고향길 접어들어 서둘렀지만/아무와도 만나는 일이 없었다' 라고 고백하며 시인은 두려움에 떤다. 그러면서 '잊어진 세월/사랑에 목이 메이는 사람들을 부르고 싶다' (「계절은 오는데」 중)거나 '내가 살아온 이야기를 홅아대고 있다' (「만경강가에 서서」 중)며 자조한다. 뜨거웠던 여름, '얼굴 붉게 타오르는/사랑의 연주' (「내장산 단풍」 중)를 이제 찾아볼 수 없다는 서글픔이 깊어가는데, '한여름 폭우 몰아치고/언덕배기에 오르고 싶은데/끝내 올라갈 힘이 없(「아픔의 터널」 중)' 음을 깨닫는다. 시인은 '손톱 밑까지 번진 봉숭아 꽃물들인 손끝' 을 바라보며, '뭉게구름처럼 떠나가는' (「유년의 뜰에서」 중) 젊음과 이별하고 있다. 어린 날의 사랑을 노래하던 시인은 '사랑이 허망으로 도배된 채/흔적만 남아있습니다' 라고 '번민의 광장에 나부끼고 있습니다' (「사랑은」 중)라고 괴로워한다. '외로움은 무더기 져/세월 간 빈자리를 부른다' 라고 고백하며 '바람은/무정한 시절을 부르고 논다' (「함라산 둘레에서」 중)라니! 이 쓸쓸한 연민은 어디까지 갈까. 아니, 도대체 무슨 일이 있었던 것일까.

어느 폐가에 가 보았더니
찢긴
문짝 하나가

주인의 정 담아 놓은 채
바람에도 흔들리고 있었습니다

짓밟히고 걷어 채인 것 밀리어나
구석진 자리에 펄렁이고
세월이 간 난간에서
울음처럼
파열을 쏟아내고 있었습니다

삶은 비정에 찌들고
문짝 하나
문 앞 모서리에서 시름겨운 채
떨어대고 있었습니다

-「폐가의 문짝」 전문

여기, 찢긴 문짝 하나를 보는 시인의 시선이 서글프다. 이유리 기자는 그의 연재 〈그림 속 권력〉 중 '나이 듦을 바라보는 시선' 이라는 기사에서 늙음을 바라보는 서양의 시각이 범죄에 가깝다고 지적한다. 미켈란젤로는 그의 대표작 〈피에타〉를 통해 일약 명성을 얻었지만, '성모가 너무 늙게 보인다' 는 평단의 비평에 직면했다는 것, 아무리 젊게 잡아도 오십은 넘어야 했을 성모가 소녀같은 얼굴을 하고 있다는 것이다. 이에 대해 미켈란젤로는 '여인이 늙은 것은 죄악이 있기 때문' 이라고 반박했다고 한다. '원죄없는 동정녀이기에 성모는 불멸의 젊음을 가진다' 함은 '늙음은 죄악의 결과' 라는 의미가 된다. 이유리 기자에 따르면 조선의 초상화에서는 노인이 되어야 갖출 수 있는 온갖 종류의 미덕 및 시간을 통해서 이룰 수 있는 학식과 경험을 표현하고 있단다. 우리는 그렇게 나이 들어가고 있는가. 아니면 나이듦은 죄악이 되거나, 끝모를 슬픔을 통해서 표현될 수밖에 없는 것인가.

유나영 시인은 이번 시집에서 '봄-여름-가을-겨울' 이라는 계절의 순환을, '그리움-사랑-상실과 고독-부활과 시작' 이라는 정서의 순환으로 병렬시켜 놓고 있다. 그 순환에서 단연 가장 강렬한 것은 다름 아닌 가을, 아니 잃어버림과 외로움이 될 것이다. 과연 '미켈란젤로의 시선' 을 닮은 듯, 그녀는 잃어버린 젊음과 홀로 된 상실이라는, 뼈아픈 슬픔에 깊이 빠져 있다. 만일 그녀의 시가 이 상실의 감정에 머물렀다면, 우리는 '인생의 가을' 을 바라보는 서구의 시각에 동조하는, 또 다른 정서적 사대주의를 목도해야만 했을 것이다. 그러나 슬픔을 깊게 유영한 시인은 이내 4부 새로운 '지리산 찬가' 를 꺼내어 든다. 황량한 벌판이 그 몸에서 반짝이는 금金을 품어서 낳듯, 가을의 고독이 겨울에서 봄의 새로운 시작으로 '양질 변환' 하는 것이다. 그렇다. 넓고 넓으며, 깊고 깊은 슬픔의 벌판 속에 완전히 묻히고 나서야, 부활을 노래할 수 있지 않겠는가.

부활하는 겨울의 노래, 지난 봄이 새 봄에게

하나를 완성하는 것은 하나를 시작하는 일이다. 지금껏 울었던 시인의 속울음은 시작을 향한 전주곡이리라. 겨울은 새 봄으로 부활하는 것이며, 이는 지난 봄이 새 봄에게 전하는 소리이다. '돌아가야 한다', '돌아가야만 한다', '돌아가야 할 것 같다'(「목화꽃 지피는 밭이랑에 서서」 중) 라고 유나영 시인은 다짐한다. 어디로 돌아가자는 것일까. '대숲에 앉은 겨울의 하얀 설화'로, '그네 뛰듯이 너울거리'는 '뒷동산'으로, '목화꽃 피는 밭이랑'으로, '풍경의 울안을 어루만지'는 '달'(「목화꽃 지피는 밭이랑에 서서」 중)에게로 가겠다는 것이다. 그 바람은 새로운 유년, 새로운 삶의 한살이를 향한다.

겨울의 혹독함은 짐짓 모든 생장을 멈춰버리게 한 듯 위풍당당하다. 동장군이라는 말처럼, 삶과 죽음을 가르는 장군의 모양새다. 그러다 겨울은 깊고 검은 강물처럼 그 속에 많은 것들을 묻고 있다. 세상 속에서 꾸었던 나의 지위, 나의 생각과 가치관을 실현하려는 희망, 무엇보다 세상 속에서 나의 신념을 지키는 삶 등. 그것들이 겨울 별자리들의 꿈이다. 완전히 버려야만 시작할 수 있다는 것, 그것은 동양의 명리학이나 서양의 별자리 모두가 말하는 바다. 사랑과 그리움을 모두 막아서는 병마의 모습으로, '코로나의 신종 병마가 길을 막고/하나씩 불러줄 이야기마저 빼앗아가고 있다'「코로나가 산책길을 막아선다」중) 라는 각성은, 마치 겨울 김칫독에서 익어가는 김장 김치의 숙성과도 비견할 만하다. 왜냐하면 그 각성에 이어 시인은 새 고향을 열어젖히는, 새로운 변신을 시도하고 있기 때문이다.

이제 고향은 '물리적' 고향에서 '정서적' 고향으로 확장된다. 바꿔 말하자면 어떤 곳도 고향이 될 수 있다. 고향은 낯익고, 오래 묵은 곳이며, 거기에서 시적 자아가 동무들과 함께 했기에 그립다. 그러나 그 모든 걸 건너서 오자 고향이 새롭게 시작된다. 아니, 새로 고향을 짓고자 하는 의지가 엿보인다. 그것은 '내 할아버지의 외로움', '할아버지의 세월'과 '할아버지의 한숨'을 만나는 시간(「할아버지의 자리」 중)이기도 하다. 일면 슬픔과 아픔에 젖지만, 즉 지난 역사를 되짚고 있지만, 시인은 오래 묵혀왔던 본심을 이야기한다. '내 삶의 미완을 닦아내고 싶다'거나, '지리산 천지의 풍물을 결속하고 싶다'(「지리산 찬가」 중)라는 것이다. '아직은 미완의 삶/허덕이고 있는 새만금 풍물'처럼 '나는 변신하는 광활한 미래요, 카프카의 그것보다 훨씬 크고 광활한 변신의 몸짓을 보고 있다'(「새만금의 풍물」 중) 라고! 카프카의 변신이 쓸모없는 벌레로 퇴화하는 변신이라면, 시인의 변신은 앞을 향한 크고 광활한 변신이다. 이 고백을 위해 시인은 그 여정을 여기까지 걸어왔다. 그리움과 사랑, 상실과 쓸쓸함을 넘어서. 그것은 마치 깊은 겨울이 품은 새 봄과도 같다. 이것이 시인이 지은 새로운 고향이요, 지난 봄이 새 봄에게 건네는 약속의 말이다. 내년은 아직 오지 않는 나날이다. 우리는 그 미래를 향해 부활하는, 시인의 새 시작과 한살이를 보게 될 것이다. 우리는 그 소망과 다짐을 목격하고 있다.

> ... 전략 ...
> 내년에는 그리운 사람 찾아가
> 외로웠던 삶 물으면서 만나고 싶다
>
> -「코로나19를 앞에 두고」 부분